Der Tor und der Tod

Hugo von Hofmannsthal

Alpha Editions

This edition published in 2022

ISBN : 9789356711792

Design and Setting By
Alpha Editions
www.alphaedis.com
Email - info@alphaedis.com

Der Tor und der Tod

Hugo von Hofmannsthal

Studierzimmer des Claudio, im Empiregeschmack. Im Hintergrund links und rechts große Fenster, in der Mitte eine Glastüre auf den Balkon hinaus, von dem eine hängende Holztreppe in den Garten führt. Links eine weiße Flügeltür, rechts eine gleiche nach dem Schlafzimmer, mit einem grünen Samtvorhang geschlossen. Am Fenster links steht ein Schreibtisch, davor ein Lehnstuhl. An den Pfeilern Glaskasten mit Altertümern. An der Wand rechts eine gotische, dunkle, geschnitzte Truhe; darüber altertümliche Musikinstrumente. Ein fast schwarz gedunkeltes Bild eines italienischen Meisters. Der Grundton der Tapete licht, fast weiß; mit Stukkatur und Gold.

CLAUDIO *allein*

Er sitzt am Fenster. Abendsonne.

Die letzten Berge liegen nun im Glanz,
In feuchten Schmelz durchsonnter Luft gewandet.
Es schwebt ein Alabasterwolkenkranz
Zuhöchst, mit grauen Schatten, goldumrandet:
So malen Meister von den frühen Tagen
Die Wolken, welche die Madonna tragen.
Am Abhang liegen blaue Wolkenschatten,
Der Bergesschatten füllt das weite Tal
Und dämpft zu grauem Grün den Glanz der Matten;
Der Gipfel glänzt im vollen letzten Strahl.
Wie nah sind meiner Sehnsucht die gerückt,
Die dort auf weiten Halden einsam wohnen
Und denen Güter, mit der Hand gepflückt,
Die gute Mattigkeit der Glieder lohnen.
Der wundervolle, wilde Morgenwind,

Der nackten Fußes läuft im Heidenduft,
Der weckt sie auf; die wilden Bienen sind
Um sie, und Gottes helle, heiße Luft.
Es gab Natur sich ihnen zum Geschäfte,
In allen ihren Wünschen quillt Natur,
Im Wechselspiel der frisch und müden Kräfte
Wird ihnen jedes warmen Glückes Spur.
Jetzt rückt der goldne Ball, und er versinkt
In fernster Meere grünlichem Kristall;
Das letzte Licht durch ferne Bäume blinkt,
Jetzt atmet roter Rauch, ein Glutenwall
Den Strand erfüllend, wo die Städte liegen,
Die mit Najadenarmen, flutenttaucht,
In hohen Schiffen ihre Kinder wiegen,
Ein Volk, verwegen, listig und erlaucht.
Sie gleiten über ferne, wunderschwere,
Verschwiegne Flut, die nie ein Kiel geteilt,
Es regt die Brust der Zorn der wilden Meere,
Da wird sie jedem Wahn und Weh geheilt.
So seh ich Sinn und Segen fern gebreitet
Und starre voller Sehnsucht stets hinüber,
Doch wie mein Blick dem Nahen näher gleitet,
Wird alles öd, verletzender und trüber;
Es scheint mein ganzes so versäumtes Leben
Verlorne Lust und nie geweinte Tränen
Um diese Gassen, dieses Haus zu weben
Und ewig sinnlos Suchen, wirres Sehnen.

Am Fenster stehend:

Jetzt zünden sie die Lichter an und haben
In engen Wänden eine dumpfe Welt
Mit allen Rausch- und Tränengaben
Und was noch sonst ein Herz gefangen hält.
Sie sind einander herzlich nah
Und härmen sich um einen, der entfernt;
Und wenn wohl einem Leid geschah,
So trösten sie … ich habe Trösten nie gelernt.
Sie können sich mit einfachen Worten,
Was nötig zum Weinen und Lachen, sagen,
Müssen nicht an sieben vernagelte Pforten
Mit blutigen Fingern schlagen.

Was weiß denn ich vom Menschenleben?
Bin freilich scheinbar drin gestanden,
Aber ich hab es höchstens verstanden,
Konnte mich nie darein verweben.
Hab mich niemals daran verloren.
Wo andre nehmen, andre geben,
Blieb ich beiseit, im Innern stummgeboren.
Ich hab von allen lieben Lippen
Den wahren Trank des Lebens nie gesogen,
Bin nie von wahrem Schmerz durchschüttert,
Die Straße einsam, schluchzend, nie! gezogen.
Wenn ich von guten Gaben der Natur
Je eine Regung, einen Hauch erfuhr,
So nannte ihn mein überwacher Sinn,
Unfähig des Vergessens, grell beim Namen.
Und wie dann tausende Vergleiche kamen,
War das Vertrauen, war das Glück dahin.
Und auch das Leid! zerfasert und zerfressen
Vom Denken, abgeblaßt und ausgelaugt!
Wie wollte ich an meine Brust es pressen,
Wie hätt ich Wonne aus dem Schmerz gesaugt:
Sein Flügel streifte mich, ich wurde matt,
Und Unbehagen kam an Schmerzes Statt …

Aufschreckend:

Es dunkelt schon. Ich fall in Grübelei.
Ja, ja: die Zeit hat Kinder mancherlei.
Doch ich bin müd und soll wohl schlafen gehen.

Der Diener bringt eine Lampe, geht dann wieder.

Jetzt läßt der Lampe Glanz mich wieder sehen
Die Rumpelkammer voller totem Tand,
Wodurch ich doch mich einzuschleichen wähnte,
Wenn ich den graden Weg auch nimmer fand
In jenes Leben, das ich so ersehnte.

Vor dem Kruzifix:

Zu deinen wunden, elfenbeinern Füßen,
Du Herr am Kreuz, sind etliche gelegen,
Die Flammen niederbetend, jene süßen,

Ins eigne Herz, die wundervoll bewegen,
Und wenn statt Gluten öde Kälte kam,
Vergingen sie in Reue, Angst und Scham.

Vor einem alten Bild:

Gioconda, du, aus wundervollem Grund,
Herleuchtend mit dem Glanz durchseelter Glieder,
Dem rätselhaften, süßen, herben Mund,
Dem Prunk der träumeschweren Augenlider:
Gerad so viel verrietest du mir Leben,
Als fragend ich vermocht dir einzuweben!

Sich abwendend, vor einer Truhe:

Ihr Becher, ihr, an deren kühlem Rand
Wohl etlich Lippen selig hingen,
Ihr alten Lauten, ihr, bei deren Klingen
Sich manches Herz die tiefste Rührung fand,
Was gäb ich, könnt mich euer Bann erfassen,
Wie wollt ich mich gefangen finden lassen!
Ihr hölzern, ehern Schilderwerk,
Verwirrend, formenquellend Bilderwerk,
Ihr Kröten, Engel, Greife, Faunen,
Phantastsche Vögel, goldnes Fruchtgeschlinge,
Berauschende und ängstigende Dinge,
Ihr wart doch all einmal gefühlt,
Gezeugt von zuckenden, lebendgen Launen,
Vom großen Meer emporgespült,
Und wie den Fisch das Netz, hat euch die Form gefangen!
Umsonst bin ich, umsonst euch nachgegangen,
Von eurem Reize allzusehr gebunden:
Und wie ich eurer eigensinngen Seelen
Jedwede, wie die Masken, durchempfunden,
War mir verschleiert Leben, Herz und Welt,
Ihr hieltet mich, ein Flatterschwarm, umstellt,
Abweidend, unerbittliche Harpyien,
An frischen Quellen jedes frische Blühen …
Ich hab mich so an Künstliches verloren,
Daß ich die Sonne sah aus toten Augen,
Und nicht mehr hörte, als durch tote Ohren:
Stets schleppte ich den rätselhaften Fluch,
Nie ganz bewußt, nie völlig unbewußt,

Mit kleinem Leid und schaler Lust
Mein Leben zu erleben wie ein Buch,
Das man zur Hälft noch nicht und halb nicht mehr begreift,
Und hinter dem der Sinn erst nach Lebendgem schweift;
Und was mich quälte und was mich erfreute,
Mir war, als ob es nie sich selbst bedeute,
Nein, künftgen Lebens vorgeliehnen Schein
Und hohles Bild von einem vollem Sein.
So hab ich mich in Leid und jeder Liebe
Verwirrt mit Schatten nur herumgeschlagen,
Verbraucht, doch nicht genossen alle Triebe,
In dumpfem Traum, es würde endlich tagen.
Ich wandte mich und sah das Leben an:
Darinnen Schnellsein nicht zum Laufen nützt
Und Tapfersein nicht hilft zum Streit; darin
Unheil nicht traurig macht und Glück nicht froh;
Auf Frag ohn Sinn folgt Antwort ohne Sinn;
Verworrner Traum entsteigt der dunklen Schwelle,
Und Glück ist alles, Stunde, Wind und Welle!
So schmerzlich klug und so enttäuschten Sinn
In müdem Hochmut liegend, in Entsagen
Tief eingesponnen leb ich ohne Klagen
In diesen Stuben, dieser Stadt dahin.
Die Leute haben sich entwöhnt zu fragen
Und finden, daß ich recht gewöhnlich bin.

Der Diener kommt und stellt einen Teller Kirschen auf den Tisch, dann will er die Balkontüre schließen.

CLAUDIO

Laß noch die Türen offen – Was erschreckt dich?

DIENER

Euer Gnaden glauben mirs wohl nicht.

Halb für sich, mit Angst:

Jetzt haben sie im Lusthaus sich versteckt.

CLAUDIO

Wer denn?

DIENER

Entschuldigen, ich weiß es nicht.
Ein ganzer Schwarm unheimliches Gesindel.

CLAUDIO

Bettler?

DIENER

Ich weiß es nicht.

CLAUDIO

So sperr die Tür,
Die von der Gasse in den Garten, zu,
Und leg dich schlafen und laß mich in Ruh.

DIENER

Das eben macht mir solches Graun. Ich hab
Die Gartentür verriegelt. Aber …

CLAUDIO

Nun?

DIENER

Jetzt sitzen sie im Garten. Auf der Bank,
Wo der sandsteinerne Apollo steht,
Ein paar im Schatten dort am Brunnenrand,
Und einer hat sich auf die Sphinx gesetzt.
Man sieht ihn nicht, der Taxus steht davor.

CLAUDIO

Sinds Männer?

DIENER

Einige. Allein auch Frauen.
Nicht bettelhaft, altmodisch nur von Tracht,

Wie Kupferstiche angezogen sind.
Mit einer solchen grauenvollen Art
Still dazusitzen und mit toten Augen
Auf einen wie in leere Luft zu schauen,
Das sind nicht Menschen. Euer Gnaden sein
Nicht ungehalten, nur um keinen Preis
Der Welt möcht ich in ihre Nähe gehen.
So Gott will, sind sie morgen früh verschwunden;
Ich will – mit gnädiger Erlaubnis – jetzt
Die Tür vom Haus verriegeln und das Schloß
Einsprengen mit geweihtem Wasser. Denn
Ich habe solche Menschen nie gesehn,
Und solche Augen haben Menschen nicht.

CLAUDIO

Tu, was du willst, und gute Nacht.

Er geht eine Weile nachdenklich auf und nieder. Hinter der Szene erklingt das sehnsüchtige und ergreifende Spiel einer Geige, zuerst ferner, allmählich näher, endlich warm und voll, als wenn es aus dem Nebenzimmer dränge.

Musik?
Und seltsam zu der Seele redende!
Hat mich des Menschen Unsinn auch verstört?
Mich dünkt, als hätt ich solche Töne
Von Menschengeigen nie gehört …

Er bleibt horchend gegen die rechte Seite gewandt.

In tiefen, scheinbar lang ersehnten Schauern
Dringts allgewaltig auf mich ein;
Es scheint unendliches Bedauern,
Unendlich Hoffen scheints zu sein,
Als strömte von den alten, stillen Mauern
Mein Leben flutend und verklärt herein.
Wie der Geliebten, wie der Mutter Kommen,
Wie jedes Langverlornen Wiederkehr,
Regt es Gedanken auf, die warmen, frommen,
Und wirft mich in ein jugendliches Meer:
Ein Knabe stand ich so im Frühlingsglänzen
Und meinte aufzuschweben in das All,
Unendlich Sehnen über alle Grenzen

Durchwehte mich in ahnungsvollem Schwall!
Und Wanderzeiten kamen, rauschumfangen,
Da leuchtete manchmal die ganze Welt,
Und Rosen glühten, und die Glocken klangen,
Von fremdem Lichte jubelnd und erhellt:
Wie waren da lebendig alle Dinge
Dem liebenden Erfassen nah gerückt,
Wie fühlt ich mich beseelt und tief entzückt,
Ein lebend Glied im großen Lebensringe!
Da ahnte ich, durch mein Herz auch geleitet,
Den Liebesstrom, der alle Herzen nährt,
Und ein Genügen hielt mein Ich geweitet,
Das heute kaum mir noch den Traum verklärt.
Tön fort, Musik, noch eine Weile so
Und rühr mein Innres also innig auf:
Leicht wähn ich dann mein Leben warm und froh,
Rücklebend so verzaubert seinen Lauf:
Denn alle süßen Flammen, Loh an Loh
Das Starre schmelzend, schlagen jetzt herauf!
Des allzu alten, allzu wirren Wissens
Auf diesen Nacken vielgehäufte Last
Vergeht, von diesem Laut des Urgewissens,
Den kindisch-tiefen Tönen angefaßt.
Weither mit großem Glockenläuten
Ankündigt sich ein kaum geahntes Leben,
In Formen, die unendlich viel bedeuten,
Gewaltig-schlicht im Nehmen und im Geben.

Die Musik verstummt fast plötzlich.

Da, da verstummt, was mich so tief gerührt,
Worin ich Göttlich-Menschliches gespürt!
Der diese Wunderwelt unwissend hergesandt,
Er hebt wohl jetzt nach Kupfergeld die Kappe,
Ein abendlicher Bettelmusikant.

Am Fenster rechts:

Hier unten steht er nicht. Wie sonderbar!
Wo denn? Ich will durchs andre Fenster schaun ...

Wie er nach der Türe rechts geht, wird der Vorhang leise zurückgeschlagen, und in der Tür steht der Tod, den Fiedelbogen in der Hand, die Geige am Gürtel hängend. Er sieht Claudio, der entsetzt zurückfährt, ruhig an.

Wie packt mich sinnlos namenloses Grauen!
Wenn deiner Fiedel Klang so lieblich war,
Was bringt es solchen Krampf, dich anzuschauen?
Und schnürt die Kehle so und sträubt das Haar?
Geh weg! Du bist der Tod. Was willst du hier?
Ich fürchte mich. Geh weg! Ich kann nicht schrein,

Sinkend:

Der Halt, die Luft des Lebens schwindet mir!
Geh weg! Wer rief dich? Geh! Wer ließ dich ein?

DER TOD

Steh auf! Wirf dies ererbte Graun von dir!
Ich bin nicht schauerlich, bin kein Gerippe!
Aus des Dionysos, der Venus Sippe,
Ein großer Gott der Seele steht vor dir.
Wenn in der lauen Sommerabendfeier
Durch goldne Luft ein Blatt herabgeschwebt,
Hat dich mein Wehen angeschauert,
Das traumhaft um die reifen Dinge webt;
Wenn Überschwellen der Gefühle
Mit warmer Flut die Seele zitternd füllte,
Wenn sich im plötzlichen Durchzucken
Das Ungeheure als verwandt enthüllte,
Und du, hingebend dich im großen Reigen,
Die Welt empfingest als dein eigen:
In jeder wahrhaft großen Stunde,
Die schauern deine Erdenform gemacht,
Hab ich dich angerührt im Seelengrunde
Mit heiliger, geheimnisvoller Macht.

CLAUDIO

Genug! Ich grüße dich, wenngleich beklommen.

Kleine Pause.

Doch wozu bist du eigentlich gekommen?

DER TOD

Mein Kommen, Freund, hat stets nur e i n e n Sinn!

CLAUDIO

Bei mir hats eine Weile noch d a h i n !
Merk: eh das Blatt zu Boden schwebt,
Hat es zur Neige seinen Saft gesogen!
Dazu fehlt viel: Ich habe nicht gelebt!

DER TOD

Bist doch, wie alle, deinen Weg gezogen!

CLAUDIO

Wie abgerißne Wiesenblumen
Ein dunkles Wasser mit sich reißt,
So glitten mir die jungen Tage,
Und ich hab nie gewußt, daß das schon Leben heißt.
Dann … stand ich an den Lebensgittern,
Der Wunder bang, von Sehnsucht süß bedrängt,
Daß sie in majestätischen Gewittern
Auffliegen sollten, wundervoll gesprengt.
Es kam nicht so … und einmal stand ich drinnen,
Der Weihe bar, und konnte mich auf mich
Und alle tiefsten Wünsche nicht besinnen,
Von einem Bann befangen, der nicht wich.
Von Dämmerung verwirrt und wie verschüttet,
Verdrießlich und im Innersten zerrüttet,
Mit halbem Herzen, unterbundnen Sinnen
In jedem Ganzen rätselhaft gehemmt,
Fühlt ich mich niemals recht durchglutet innen,
Von großen Wellen nie so recht geschwemmt,
Bin nie auf meinem Weg dem Gott begegnet,
Mit dem man ringt, bis daß er einen segnet.

DER TOD

Was allen, ward auch dir gegeben,
Ein Erdenleben, irdisch es zu leben.
Im Innern quillt euch allen treu ein Geist,
Der diesem Chaos toter Sachen
Beziehung einzuhauchen heißt,
Und euren Garten draus zu machen
Für Wirksamkeit, Beglückung und Verdruß.
Weh dir, wenn ich dir das erst sagen muß!
Man bindet und man wird gebunden,
Entfaltung wirken schwül und wilde Stunden,
In Schlaf geweint und müd geplagt
Noch wollend, schwer von Sehnsucht, halbverzagt
Tiefatmend und vom Drang des Lebens warm …
Doch alle r e i f , fallt ihr in meinen Arm.

CLAUDIO

Ich aber bin nicht reif, drum laß mich hier.
Ich will nicht länger töricht jammern,
Ich will mich an die Erdenscholle klammern,
Die tiefste Lebenssehnsucht schreit in mir.
Die höchste Angst zerreißt den alten Bann;
Jetzt fühl ich – laß mich – daß ich leben kann!
Ich fühls an diesem grenzenlosen Drängen:
Ich kann mein Herz an Erdendinge hängen.
O, du sollst sehn, nicht mehr wie stumme Tiere,
Nicht Puppen werden mir die andern sein!
Zum Herzen reden soll mir all das Ihre,
Ich dränge mich in jede Lust und Pein.
Ich will die Treue lernen, die der Halt
Von allem Leben ist … ich füg mich so,
Daß Gut und Böse über mich Gewalt
Soll haben und mich machen wild und froh.
Dann werden sich die Schemen mir beleben!
Ich werde Menschen auf dem Wege finden,
Nicht länger stumm im Nehmen und im Geben,
Gebunden werden – ja! – und kräftig binden.

Da er die ungerührte Miene des Todes wahrnimmt, mit steigender Angst:

Denn schau, glaub mir, das war nicht so bisher:
Du meinst, ich hätte doch geliebt, gehaßt …
Nein, nie hab ich den Kern davon erfaßt,

Es war ein Tausch von Schein und Worten leer!
Da schau, ich kann dir zeigen: Briefe, sieh,

Er reißt eine Lade auf und entnimmt ihr Pakete geordneter alter Briefe:

Mit Schwüren voll und Liebeswort und Klagen;
Meinst du, ich hätte je g e s p ü r t , was d i e –
G e s p ü r t , was i c h als Antwort schien zu sagen?!

Er wirft ihm die Pakete vor die Füße, daß die einzelnen Briefe herausfliegen.

Da hast du dieses ganze Liebesleben,
Daraus nur ich und ich nur widertönte,
Wie ich der Stimmung Auf- und Niederbeben
Mitbebend, jeden heilgen Halt verhöhnte!
Da! da! und alles andre ist wie das:
Ohn Sinn, ohn Glück, ohn Schmerz, ohn Lieb, ohn Haß!

DER TOD

Du Tor! Du schlimmer Tor, ich will dich lehren,
Das Leben, eh dus endest, einmal ehren.
Stell dich dorthin und schweig und sieh hieher
Und lern, daß alle andern diesen Schollen
Mit lieberfülltem Erdensinn entquollen,
Und nur du selber schellenlaut und leer.

Der Tod tut ein paar Geigenstriche, gleichsam rufend. Er steht an der Schlafzimmertüre, im Vordergrund rechts, Claudio an der Wand links, im Halbdunkel. Aus der Tür rechts tritt die Mutter. Sie ist nicht sehr alt. Sie trägt ein langes, schwarzes Samtkleid, eine schwarze Samthaube mit einer weißen Rüsche, die das Gesicht umrahmt. In den feinen blassen Fingern ein weißes Spitzentaschentuch. Sie tritt leise aus der Tür und geht lautlos im Zimmer umher.

DIE MUTTER

Wie viele süße Schmerzen saug ich ein
Mit dieser Luft. Wie von Lavendelkraut
Ein feiner toter Atem weht die Hälfte
Von meinem Erdendasein hier umher:
Ein Mutterleben, nun, ein Dritteil Schmerzen,
Eins Plage, Sorge eins. Was weiß ein Mann
Davon?

An der Truhe:

Die Kante da noch immer scharf?
Da schlug er sich einmal die Schläfe blutig;
Freilich, er war auch klein und heftig, wild
Im Laufen, nicht zu halten. Da, das Fenster!
Da stand ich oft und horchte in die Nacht
Hinaus auf seinen Schritt mit solcher Gier,
Wenn mich die Angst im Bett nicht länger litt,
Wenn er nicht kam, und schlug doch zwei, und schlug
Dann drei und fing schon blaß zu dämmern an ...
Wie oft ... Doch hat er nie etwas gewußt –
Ich war ja auch bei Tag hübsch viel allein.
Die Hand, die gießt die Blumen, klopft den Staub
Vom Kissen, reibt die Messingklinken blank,
So läuft der Tag; allein der Kopf hat nichts
Zu tun: da geht im Kreis ein dumpfes Rad
Mit Ahnungen und traumbeklommenem
Geheimnisvollem Schmerzgefühle, das
Wohl mit der Mutterschaft unfaßlichem
Geheimen Heiligtum zusammenhängt
Und allem tiefsten Weben dieser Welt
Verwandt ist. Aber mir ist nicht gegönnt,
Der süß beklemmend, schmerzlich nährenden,
Der Luft vergangnen Lebens mehr zu atmen.
Ich muß ja gehen, gehen ...

Sie geht durch die Mitteltüre ab.

CLAUDIO

Mutter!

DER TOD

Schweig!
Du bringst sie nicht zurück.

CLAUDIO

Ah! Mutter, komm!
Laß mich dir einmal mit den Lippen hier,
Den zuckenden, die immer schmalgepreßt,
Hochmütig schwiegen, laß mich doch vor dir

So auf den Knien … Ruf sie! Halt sie fest!
Sie wollte nicht! Hast du denn nicht gesehn?!
Was zwingst du sie, Entsetzlicher, zu gehn?

DER TOD

Laß mir, was mein. Dein w a r es.

CLAUDIO

Ah! und nie
Gefühlt! Dürr, alles dürr! Wann hab ich je
Gespürt, daß alle Wurzeln meines Seins
Nach ihr sich zuckend drängten, ihre Näh
Wie einer Gottheit Nähe wundervoll
Durchschauert mich und quellend füllen soll
Mit Menschensehnsucht, Menschenlust – und -weh?!

Der Tod, um seine Klagen unbekümmert, spielt die Melodie eines alten Volksliedes. Langsam tritt ein junges Mädchen ein; sie trägt ein einfaches, großgeblümtes Kleid, Kreuzbandschuhe, um den Hals ein Stückchen Schleier, bloßer Kopf.

DAS JUNGE MÄDCHEN

Es war doch schön … Denkst du nie mehr daran?
Freilich, du hast mir weh getan, so weh …
Allein, was hört denn nicht in Schmerzen auf?
Ich hab so wenig frohe Tag' gesehn,
Und die, die waren schön als wie ein Traum!
Die Blumen vor dem Fenster, meine Blumen,
Das kleine, wacklige Spinett, der Schrank,
In den ich deine Briefe legte und
Was du mir etwa schenktest … alles das
– Lach mich nicht aus – das wurde alles schön
Und redete mit wachen, lieben Lippen!
Wenn nach dem schwülen Abend Regen kam
Und wir am Fenster standen – ah, der Duft
Der nassen Bäume! – Alles das ist hin,
Gestorben, was daran lebendig war!
Und liegt in unsrer Liebe kleinem Grab.
Allein es war so schön, und du bist schuld,
Daß es so schön war. Und daß du mich dann
Fortwarfest, achtlos grausam, wie ein Kind,

Des Spielens müd, die Blumen fallen läßt …
Mein Gott, ich hatte nichts, dich festzubinden.

Kleine Pause.

Wie dann dein Brief, der letzte, schlimme, kam,
Da wollt ich sterben. Nicht, um dich zu quälen,
Sag ich dir das. Ich wollte einen Brief
Zum Abschied an dich schreiben, ohne Klag,
Nicht heftig, ohne wilde Traurigkeit;
Nur so, daß du nach meiner Lieb und mir
Noch einmal solltest Heimweh haben und
Ein wenig weinen, weils dazu zu spät.
Ich hab dir nicht geschrieben. Nein. Wozu?
Was weiß denn ich, wieviel von deinem Herzen
In all dem war, was meinen armen Sinn
Mit Glanz und Fieber so erfüllte, daß
Ich wie im Traum am lichten Tage ging.
Aus Untreu macht kein guter Wille Treu,
Und Tränen machen kein Erstorbnes wach.
Man stirbt auch nicht daran. Viel später erst,
Nach langem, ödem Elend durft ich mich
Hinlegen, um zu sterben. Und ich bat,
In deiner Todesstund bei dir zu sein.
Nicht grauenvoll, um dich zu quälen nicht,
Nur wie wenn einer einen Becher Wein
Austrinkt und flüchtig ihn der Duft gemahnt
An irgendwo vergeßne, leise Lust.

Sie geht ab; Claudio birgt sein Gesicht in den Händen. Unmittelbar nach ihrem Abgehen tritt ein Mann ein. Er hat beiläufig Claudios Alter. Er trägt einen unordentlichen, bestaubten Reiseanzug. In seiner linken Brust steckt mit herausragendem Holzgriff ein Messer. Er bleibt in der Mitte der Bühne, Claudio zugewendet, stehen.

DER MANN

Lebst du noch immer, Ewigspielender?
Liest immer noch Horaz und freuest dich
Am spöttisch-klugen, nie bewegten Sinn?
Mit feinen Worten bist du mir genaht,
Scheinbar gepackt von was auch mich bewegte …
Ich hab dich, sagtest du, gemahnt an Dinge,
Die heimlich in dir schliefen, wie der Wind
Der Nacht von fernem Ziel zuweilen redet …

O ja, ein feines Saitenspiel im Wind
Warst du, und der verliebte Wind dafür
Stets eines andern ausgenützter Atem,
Der meine oder sonst. Wir waren ja
Sehr lange Freunde. Freunde? Heißt: gemein
War zwischen uns Gespräch bei Tag und Nacht,
Verkehr mit gleichen Menschen, Tändelei
Mit einer gleichen Frau. Gemein: so wie
Gemeinsam zwischen Herr und Sklave ist
Haus, Sänfte, Hund und Mittagstisch und Peitsche:
Dem ist das Haus zur Lust, ein Kerker dem;
Den trägt die Sänfte, jenem drückt die Schulter
Ihr Schnitzwerk wund; der läßt den Hund im Garten
Durch Reifen springen, jener wartet ihn!...
Halbfertige Gefühle, meiner Seele
Schmerzlich geborne Perlen, nahmst du mir
Und warfst sie als dein Spielzeug in die Luft,
Du, schnellbefreundet, fertig schnell mit jedem,
Ich mit dem stummen Werben in der Seele
Und Zähne zugepreßt, du ohne Scheu
An allem tastend, während mir das Wort
Mißtrauisch und verschüchtert starb am Weg.
Da kam uns in den Weg ein Weib. Was mich
Ergriff, wie Krankheit über einen kommt,
Wo alle Sinne taumeln, überwach
Von allzu vielem Schaun nach einem Ziel ...
Nach einem solchen Ziel, voll süßer Schwermut
Und wildem Glanz und Duft, aus tiefem Dunkel
Wie Wetterleuchten webend ... Alles das,
Du sahst es auch, es reizte dich!... »Ja, weil
Ich selber ähnlich bin zu mancher Zeit,
So reizte mich des Mädchens müde Art
Und herbe Hoheit, so enttäuschten Sinns
Bei solcher Jugend.« Hast du mirs denn nicht
Dann später so erzählt? Es reizte dich!
Mir war es mehr als dieses Blut und Hirn!
Und sattgespielt, warfst du die Puppe mir,
Mir zu, ihr ganzes Bild vom Überdruß
In dir entstellt, so fürchterlich verzerrt,
Des wundervollen Zaubers so entblößt,
Die Züge sinnlos, das lebendge Haar
Tot hängend, warfst mir eine Larve zu,
In schnödes Nichts mit widerlicher Kunst

Zersetzend rätselhaften süßen Reiz.
Für dieses haßte endlich ich dich so,
Wie dich mein dunkles Ahnen stets gehaßt,
Und wich dir aus.
Dann trieb mich mein Geschick,
Das endlich mich Zerbrochnen segnete,
Mit einem Ziel und Willen in der Brust –
Die nicht in deiner giftgen Nähe ganz
Für alle Triebe abgestorben war –
Ja, für ein Hohes trieb mich mein Geschick
In dieser Mörderklinge herben Tod,
Der mich in einen Straßengraben warf,
Darin ich liegend langsam moderte
Um Dinge, die du nicht begreifen kannst,
Und dreimal selig dennoch gegen dich,
Der keinem etwas war und keiner ihm.

Er geht ab.

CLAUDIO

Wohl keinem etwas, keiner etwas mir.

Sich langsam aufrichtend:

Wie auf der Bühn ein schlechter Komödiant –
Aufs Stichwort kommt er, redt sein Teil und geht
Gleichgültig gegen alles andre, stumpf,
Vom Klang der eignen Stimme ungerührt
Und hohlen Tones andre rührend nicht:
So über diese Lebensbühne hin
Bin ich gegangen ohne Kraft und Wert.
Warum geschah mir das? Warum, du Tod,
Mußt du mich lehren erst das Leben sehen,
Nicht wie durch einen Schleier, wach und ganz,
Da etwas weckend, so vorübergehen?
Warum bemächtigt sich des Kindersinns
So hohe Ahnung von den Lebensdingen,
Daß dann die Dinge, wenn sie wirklich sind,
Nur schale Schauer des Erinnerns bringen?
Warum erklingt uns nicht ein Geigenspiel,
Aufwühlend die verborgne Geisterwelt,
Die unser Busen heimlich hält,
Verschüttet, dem Bewußtsein so verschwiegen,

Wie Blumen im Geröll verschüttet liegen?
Könnt ich mit dir sein, wo man dich nur hört,
Nicht von verworrner Kleinlichkeit verstört!
Ich kanns! Gewähre, was du mir gedroht:
Da tot mein Leben war, sei du mein Leben, Tod!
Was zwingt mich, der ich beides nicht erkenne,
Daß ich dich Tod und jenes Leben nenne?
In eine Stunde kannst du Leben pressen,
Mehr als das ganze Leben konnte halten,
Das schattenhafte will ich ganz vergessen
Und weih mich deinen Wundern und Gewalten.

Er besinnt sich einen Augenblick.

Kann sein, dies ist nur sterbendes Besinnen,
Heraufgespült vom tödlich wachen Blut,
Doch hab ich nie mit allen Lebenssinnen
So viel ergriffen, und so nenn ichs gut!
Wenn ich jetzt ausgelöscht hinsterben soll,
Mein Hirn von dieser Stunde also voll,
Dann schwinde alles blasse Leben hin:
Erst, da ich sterbe, spür ich, daß ich bin.
Wenn einer träumt, so kann ein Übermaß
Geträumten Fühlens ihn erwachen machen,
So wach ich jetzt, im Fühlensübermaß
Vom Lebenstraum, wohl auf im Todeswachen.

Er sinkt tot zu den Füßen des Todes nieder.

DER TOD

indem er kopfschüttelnd langsam abgeht

Wie wundervoll sind diese Wesen,
Die, was nicht deutbar, dennoch deuten,
Was nie geschrieben wurde, lesen,
Verworrenes beherrschend binden
Und Wege noch im Ewig-Dunkeln finden.

Er verschwindet in der Mitteltür, seine Worte verklingen. Im Zimmer bleibt es still. Draußen sieht man durchs Fenster den Tod geigenspielend vorübergehen, hinter ihm die Mutter, auch das Mädchen, dicht bei ihnen eine Claudio gleichende Gestalt.

9 789356 711792

Printed at Repro India Ltd.